PAROLE

DE

BLAISE BONNIN

AUX BONS CITOYENS

N° I.

L'IMPOT.

Nous savons qu'il y a eu du chagrin dans les campagnes à l'occasion de l'augmentation de l'impôt foncier, pour cette année. De bons citoyens se sont laissés aller à ce chagrin, faute d'avoir réfléchi à l'utilité du sacrifice que la nation leur demande.

A la première nouvelle de révolution, au premier mot de république, le premier cri des gens de campagne a été « plus d'impôt ; à bas les impôts ! » La République aurait bien voulu être assez riche pour leur répondre : « Vous ne paierez plus l'impôt. »

Mais la République recevait de la monarchie, pour tout héritage, une grosse dette, et elle trouvait l'État à la veille de faire banqueroute.

Il est prouvé maintenant que la monarchie n'aurait pas pu marcher deux ans de plus sans arriver à la banqueroute. Et pourtant la République ne veut pas profiter, pour rendre son travail plus aisé et plus court, du droit qu'elle aurait de déclarer l'État insolvable. La République tient à l'honneur de la .

1848

rance et veut payer les dettes de l'État. Elle fait un appel à tous les citoyens
français. Elle leur dit : Vous habitez le pays de l'honneur, que chacun
apporte son denier pour sauver l'honneur de la nation.

Les habitants des grandes villes, qui voient de plus près l'état des affaires
et qui entendent beaucoup parler sur les grands intérêts de la nation, ont
consenti tout de suite à faire un grand et honnête sacrifice. Si les hommes
des campagnes n'ont pas pensé tout de suite de même, c'est parce qu'ils
n'ont pas encore eu le temps de bien connaître la vérité et de faire sur cette
vérité de bonnes réflexions.

Les hommes des campagnes sont d'aussi bons citoyens, des Français aussi
fiers de leur honneur que les hommes des villes. Ils sont fidèles à leurs en-
gagements, ils respectent leur parole, ils ont la religion de la bonne foi.
Quand l'État leur aura rendu ses comptes, comme la bonne foi est l'âme de
la République, les hommes des campagnes diront à la République qu'elle a
bien fait de compter sur eux.

Ils comprendront aussi que l'augmentation de l'impôt n'est qu'un coup
de collier donné de bon cœur par tout le monde à la fois, pour sauver la
nation d'un grand accident. La République, qui veut sauver la France, ne
peut pas vouloir ruiner l'agriculture, qui est la mère nourricière de la
France. C'est à seules fins de pouvoir décharger le travail de la terre, de
tous ses empêchements et de tous ses malheurs, qu'elle demande au travail
de la terre un effort une fois fait. La terre est généreuse; après les accidents
les mauvaises années elle n'est pas épuisée, et elle recommence à produire.
Le cœur des hommes ne peut pas être moins généreux que le sein de la terre.
C'est Dieu qui féconde l'un comme l'autre, et les hommes font par justice et
par véritable religion ce que la terre fait par l'ordre de la nature.

On se fait de l'impôt une mauvaise idée parce que, sous les monarchies,
l'impôt a toujours eu un mauvais emploi. L'impôt est destiné à prendre un
peu du trop de chacun pour donner beaucoup à tous. Ainsi, c'est peu que
de payer le huitième de son revenu, pour avoir les débouchés nécessaires au
commerce, et la sûreté de la propriété.

Si chacun était obligé de se garder soi-même, ou de s'ouvrir un chemin
pour transporter ses récoltes et ses marchandises, les plus riches ne le pour-
raient pas, et pour conserver le huitième de son revenu, chacun perdrait
la totalité de son revenu. Nous vivrions bientôt comme les sauvages qui
renoncent à cultiver la terre et meurent de misère dans des pays fertiles.

Ce qui rend l'impôt très-dur, et ce qui arrive à le faire regarder comme une grande vexation, c'est le mauvais emploi qu'en a fait la monarchie. Quand on s'épuise à donner sans recevoir des avantages, supérieurs pour chacun au sacrifice de chacun, on est blessé et on perd patience. Ainsi jusqu'à présent l'agriculture a été abandonnée, les accidents des mauvaises années n'ont été ni prévus ni réparés, le commerce des produits de la terre a enrichi des spéculateurs étrangers au travail des champs, et, l'an dernier, nous avons vu celui qui avait fait pousser le blé et celui qui était forcé de l'acheter, aussi malheureux l'un que l'autre, parce que le blé passait par les mains de gens qui avaient intérêt à le faire renchérir.

Sous la République, de pareils malheurs n'arriveront plus. L'État aura la prévoyance d'un bon père de famille, et les infidélités de la gestion générale ne seront plus possibles, chaque citoyen ayant part au gouvernement de la nation.

Sous la monarchie, l'impôt nous donnait droit à tous les avantages de la civilisation. Nous payons pour avoir une marine, et nous n'en avions pas; pour avoir une armée, nous en avions une belle et brave : mais, excepté en Algérie, où encore on faisait durer la guerre sans profit pour notre honneur véritable, nous n'avions que de la honte à souffrir de la part des autres nations. Nous payons pour avoir de l'instruction, et nous n'en avions pas; pour avoir de bons administrateurs, et nous n'avions que les domestiques de la monarchie, oublieux de nos intérêts. Nous payons pour les travaux publics, et nous n'étions point défendus contre les inondations qui, à différentes fois, ont ruiné dernièrement les plus beaux pays de la France. Enfin nous payons pour tout avoir, et nous n'avions que la centième partie des améliorations qui nous étaient dues. Notre argent servait à enrichir des riches, à acheter des électeurs et à nous brider d'autant plus.

La République veut réparer tous ces dommages. Elle veut que notre marine protége nos établissements et nous procure les denrées étrangères à bon marché. Elle veut que nos armées nous donnent de l'honneur en même temps que de la tranquillité. Elle veut que nous ayons de l'instruction, sans avoir à payer en détail les instituteurs que l'impôt doit payer en masse; que nos administrateurs soient les serviteurs du bien public, et nous élèvent par la liberté, au lieu de nous avilir par la vente de nos consciences. Elle veut que l'agriculture soit aidée et encouragée, qu'elle soit préservée des vimaires et enseignée comme une science qui doublera les productions. La République veut tout cela et plus encore par la suite des temps. Mais elle commence, elle a de grands embarras, et elle nous appelle à son secours. Courons-y tous, hommes des villes et des campagnes; c'est nous-mêmes qu'il s'agit de sauver. C'est notre propre intérêt que nous achetons avec l'argent de notre bourse. Quand nous sommes assurés que c'est l'intérêt de tous nos frères et l'avenir de nos enfants, ne voudrions-nous pas acheter cela avec le sang de notre propre cœur !

Paris. — Imprimerie CLAYE et TAILLFFER, 7, rue Saint-Benoît

PAROLE

DE

BLAISE BONNIN

AUX BONS CITOYENS

N° II.

ENCORE L'IMPOT.

Je veux vous parler encore, mes bons concitoyens, de cet impôt qui vous chagrine. Il y en a qui disent : c'est une faute du gouvernement provisoire, c'est un mal qui vient de la République. Faites attention, je vous prie, que si c'est une faute du gouvernement provisoire, ce n'est pas absolument pour cela de la République. Certainement il eût mieux valu qu'on pût retrancher cet impôt au pauvre que de l'ajouter à ce qu'il payait déjà. Si j'excuse la mesure prise là-dessus par le gouvernement, ce n'est pas qu'il m'en revienne profit ni plaisir, puisque je paie comme vous, et que je vois votre chagrin. Ce chagrin-là corrompt beaucoup ma joie, qui est grande par l'idée que je me fais de la République ; mais je me demande comment, dans le moment où nous sommes, nous aurions pu, si nous avions eu à faire le décret nous-mêmes, nous tirer du mauvais pas où la France s'est trouvée. Cherchons ensemble comment nous nous y serions pris.

D'abord, voyons la vérité des choses. Est-il juste que l'impôt soit réparti également, d'après le revenu de chacun? Au premier aperçu, on le croirait. Celui qui a beaucoup paie beaucoup, celui qui a moins paie moins, celui qui a peu paie peu, celui qui n'a rien ne paie rien. On fait des chiffres là-dessus et l'on dit : « 8,000 francs de revenu donneront 1,000 fr. d'impôt, 800 fr. donneront 100 fr. » Le huitième est le plus bas où l'impôt soit descendu dans nos pays depuis longtemps. La proportion y est sur le papier, l'œil en voit l'arrangement net, donc la chose paraît juste.

Eh bien, elle ne l'est point; l'œil nous trompe et le chiffre ment sur le papier. Plus on est pauvre, plus l'impôt est lourd et nous appauvrit. La proportion dans les besoins et dans les dépenses n'existe pas dans le fait. Par exemple, pour 200 fr. nous avons à location une bonne maison, bien bâtie, avec un jardin. Pour 50 fr. nous devrions avoir une maison et un jardin qui seraient juste le quart plus pauvres et plus petits que le jardin et la maison à 200 fr. Point. Le jardin et la maison à 50 fr. sont juste pour sept huitièmes plus laids, plus petits, plus incommodes et plus malsains que la maison qui ne coûte que trois quarts de plus de loyer. Dans les villes, c'est de même : un appartement qui coûte 6,000 fr., vaut, pour sa grandeur et sa beauté, huit fois plus qu'un petit qui coûte le quart, c'est-à-dire 1,500 fr., et celui qui coûte 1,500 fr. est souvent vingt fois meilleur que la pauvre mansarde qui coûte 100 fr. Plus on descend, plus la proportion disparaît.

Pour tous nos besoins, c'est la même chose; nous n'avons point d'avance et point de crédit. S'il nous faut emprunter, on nous prend des intérêts quatre fois plus gros qu'on ne fait aux riches : nous payons à proportion du risque qu'on court à nous prêter. Ce n'est pas nous qui trouvons de l'argent à cinq. Quand nous le trouvons à dix, nous sommes contents; et quand nous le payons quinze, nous ne nous plaignons pas encore beaucoup. C'est pour nous que l'usure a été inventée, et c'est à son moyen qu'on est sûr de nous ruiner par le menu.

Pour les affaires du ménage, c'est encore de même : celui qui a du bien fait sa provision dans le bon temps. Quand il a l'argent en main, il achète le blé, le vin et tout ce qui peut se conserver, dans le moment où le prix est abordable. Pour nous c'est le contraire; nous achetons quand nous pouvons, et si cela tombe dans le moment de la hausse, tant pis pour nous : ce moment-là arrive toujours pour ceux qui se fournissent de tout en détail et au jour le jour. Nous avons bien vu ce qui en était l'an dernier !

Ainsi, plus nous sommes pauvres, plus nous sommes condamnés à le devenir, et l'impôt n'a pas de proportion vraie; c'est une chose qu'il faudrait changer.

Voilà pour nos droits, pour la vérité et pour la justice; mais quand la maison brûle, s'amuse-t-on à faire le compte de ses meubles? La monarchie nous a laissé une dette publique en aussi bel état qu'une maison où est l'incendie. Est-ce dans ce moment-là que nous aurions pu changer l'assiette de l'impôt, si nous avions pris la gérance de la République tout d'un coup dans nos mains?

Certains riches, ne comprenant pas nos besoins et nos malheurs, qui ne leur ont jamais été exposés comme il faut, auraient emporté ou caché leur argent, ce qui nous aurait mis, pour un temps assez long, encore plus bas que nous ne sommes.

On ne fait rien de bien par force; il y a des cas où il faut choisir entre la force et la mort d'une nation, mais ils sont bien rares, et nous n'y étions pas encore, Dieu merci! Nous avons vu cela dans notre ancienne révolution, et nous n'en avons pas tiré grand profit; plus nous faisions menace de prendre, plus on cachait; plus nous tentions de moyens pour retenir les biens en France, plus on en faisait passer à l'étranger, et cela nous a conduits à des colères et à des malheurs dont nous nous sommes ressentis longtemps.

Souffrons beaucoup de choses avant d'en revenir là, et, en les souffrant, nous n'y viendrons pas. Ne brutalisons pas les intérêts d'autrui, ne violentons pas les esprits, c'est notre devoir, et, en cela, c'est notre intérêt.

Mais quand le devoir est rempli coûte que coûte, il faut songer à son droit, afin qu'il ne soit pas fait abus de notre patience et de notre respect envers la loi.

L'établissement de la République nous a causé ce dommage. Comme je vous l'ai déjà dit, la monarchie en continuant ses grands abus, nous en aurait causé un pire. Mais ce qui doit nous consoler et nous reconforter, c'est que la République porte le remède avec elle. Elle nous donne pour commencer une loi qui nous permet à tous de voter, pour choisir l'assemblée qui va discuter et réformer la loi sur l'impôt, c'est à nous de bien savoir et de bien vouloir ce qui nous est dû de soulagement. Si nous prenons des députés ennemis de nos intérêts, ce sera notre faute si l'on ne nous fait pas justice.

Une bonne assemblée sera bien forcée d'examiner nos plaintes, d'avoir égard à nos empêchements, de voir et de toucher du doigt l'inégalité de nos charges. Quand les riches de l'assemblée auront discuté cela avec les pauvres que nous leur enverrons pour leur dire où nous en sommes, ils se rendront à la vérité, et ils feront d'eux-mêmes le sacrifice que la justice aura prouvé nécessaire. Patientons donc. Une assemblée décidera tout, si nous votons une bonne assemblée; elle le décidera sans colère, sans violence et sans que nous ayons rien à nous reprocher; alors les riches comprendront qu'ils n'ont plus sujet de cacher leur argent, vu que notre sagesse les met à l'abri des coups de main dont ils avaient peur. La loi qui rendra notre sort possible, rendra le leur tranquille, et ils aimeront mieux une loi qui fixera le chiffre de leurs sacrifices, qu'un décret provisoire qui leur aurait laissé la crainte de sacrifices sans fin.

Nous devons donc croire que tout a été fait pour le moment à bonne intention et avec le désir de nous conserver la circulation de l'argent, qui aurait peut-être disparu tout à fait si l'on avait marché trop vite.

Avisons à nos élections, ce sera le baume sur la blessure. Ne donnons pas nos voix à un homme parce qu'il sera riche; ne les lui refusons pas toujours non plus parce qu'il sera riche. Voyons quelle est son intention et s'il est homme, je ne dis pas à sacrifier son intérêt au nôtre, nous ne lui demandons pas tant, mais à voter une loi qui rendrait véritablement, comme je vous l'ai montré, le sacrifice égal pour tout le monde.

Paris. — Imprimerie de CLAYE et TAILLEFER, 7, rue Saint-Benoît.

PAROLE

DE

BLAISE BONNIN

AUX BONS CITOYENS

————⊷◆⊶————

Nº III.

L'OUVRIER DES VILLES ET L'OUVRIER DES CAMPAGNES.

Mes chers concitoyens, il est bon de vous dire que nous ne sommes point tous parfaits, et vous me donnerez permission de vous dénoter les défauts que nous avons, afin que nous fassions en sorte de ne plus nous les faire reprocher.

Nos défauts sont selon notre état, et notre état étant mauvais à tous pauvres gens que nous sommes, nous ne pouvons pas valoir mieux que le sort que nous endurons. C'est pourquoi, en même temps que nous nous accuserons, nous donnerons notre excuse, et nous dirons à la république . Faites-nous une vie qui nous rende meilleurs.

Nous sommes, dans le peuple , gens de deux sortes. Ouvriers de la terre, ouvriers de l'industrie; gens de ville ou de manufacture, gens de campagne. Notre manière de travailler et d'exister s'accorde si peu, que notre manière de parler et de penser nous rend comme étrangers les uns aux autres.

Pour mieux définir la chose, supposons deux frères. L'aîné est choisi

1848

par le père de famille pour faire valoir et cultiver son champ. C'est l'homme de campagne. Dans les villes on l'appelle paysan, ce qui ne veut pas dire, comme beaucoup de nous l'entendent, un homme qui parle mal et ne pense point, mais un homme attaché au pays comme le mot l'explique. Le cadet, voyant que le champ ne peut pas occuper deux personnes et nourrir toute la famille, s'en va apprendre un métier à la ville; il s'y établit en apprentissage, ou il fait son tour de France, ou, d'une petite ville, il passe dans une grande. C'est l'industriel, que nous nommons *artisan*.

Voilà bien deux frères, deux hommes du même sang et du même cœur. Sortis du même nid, ils ne sont pas plus l'un que l'autre, et, en se quittant, ils s'embrassent; ils pleurent parce qu'ils s'aiment; ils se donnent parole de rester amis, de ne jamais devenir étrangers l'un pour l'autre, et de se visiter le plus qu'ils pourront.

L'artisan s'en va au loin, et bientôt il change toutes ses habitudes, toutes ses idées. L'esprit lui vient en voyant beaucoup de choses nouvelles. Il prend du goût pour une toilette qu'il n'avait pas encore portée, pour des sociétés qu'il n'avait point fréquentées, pour la politique dont il ne s'était jamais inquiété. Il sait lire et écrire, il regarde les journaux, ou il apprend par ses camarades les grandes affaires qui se passent dans le monde. Il se marie avec une femme qui ressemble à une demoiselle plus qu'à une femme de campagne, qui sait mieux parler, et qui lui tient son ménage, non pas plus propre, mais plus coquet. Les enfants viennent, et le père, qui sait quelque chose, veut qu'ils en sachent encore plus. Une fois qu'on a un peu de savoir, on ne veut point que cela sorte de la famille, et c'est comme un héritage qu'on prend soin d'entretenir.

Tout cela demande beaucoup plus d'argent qu'il n'en faut au paysan pour vivre, pour s'établir, et pour élever ses enfants. Mais les journées sont mieux payées, et on se dit que la dépense et le profit étant doubles, la chose revient au même. De son côté, l'homme de campagne, qui ne dépense pas beaucoup et qui ne gagne guère, se tourmente l'esprit pour le temps où il sera vieux, ou pour les années où la grêle, la gelée, ou tout autre accident de saison, aura fait manquer sa récolte. Le paysan pense et prévoit beaucoup plus que l'artisan. Il ne change pas souvent d'idée comme lui; il n'a qu'un souci, celui de ne pas manquer.

Aussi, dès qu'il a mis quelque chose de côté, il achète un peu de terre, et si ce qu'il a mis de côté ne suffit pas, il s'endette, car il veut conserver.

Supposons qu'un jour l'artisan vienne voir son frère. Voici ce qu'ils se disent :

LE PAYSAN.—Te voilà bien brave, et tu gagnes plus dans une semaine que moi dans quatre. Tes enfants ont des souliers, les miens n'ont que des sabots. Tu n'as pas de bien sur terre, mais tu as un bon état qui ne craint pas les mauvaises années. Tu as de l'esprit, tu sais beaucoup de choses que je n'entends point et dont je ne me soucie pas. Tu es plus heureux que moi et c'est moi qui ai la plus mauvaise part.

L'ARTISAN.— Au moins, te voilà bien tranquille, et si tu gagnes moins que moi à la fois, tu as sous tes pieds une terre qui assure ton pain, et, sur ta tête, le toit d'une maison qui ne te coûte pas de loyer, ou qui te coûte bien peu. Tes enfants ne savent pas ce que les miens savent; mais ils sont plus forts, plus libres, mieux portants que les miens. Tu ne t'inquiètes pas de la politique; tu n'as pas le tourment de savoir ce qui se passe et ce qui peut arriver. Tu es plus heureux que moi et je voudrais être à ta place.

LE PAYSAN. — Mais j'ai des dettes, je n'ai pas payé tout ce que j'ai acheté, et l'intérêt me ruine. Je suis propriétaire et j'en suis plus pauvre.

L'ARTISAN. — Et moi, j'ai des dettes aussi, et comme je n'ai pas de propriété pour répondre, je suis menacé d'être jeté avec ma famille sur le pavé. Je suis prolétaire, et l'inquiétude me consume. Quand l'ouvrage va bien, je reprends mon courage. Quand l'ouvrage manque, je me sens perdu et j'en deviens fou.

LE PAYSAN. — Aussi c'est ta faute, et tout le mal qui nous arrive vient de toi. Tu fais de la politique, tu veux du changement, tu fais des révolutions et cela me dérange et me gêne.

L'artisan. — Si je fais de la politique et des révolutions, c'est ta faute. Tu es trop patient; tu souffres tout, et tu me forces à me battre pour réparer le mal que ton indifférence nous cause. Avec toi les mauvais gouvernements dureraient toujours.

Le paysan. — Avec toi, aucun gouvernement ne dure, et on n'a pas le temps de faire ses affaires. Vous autres artisans, vous êtes des brouillons, vous dépensez trop, rien ne vous contente, vous ne pensez jamais au lendemain.

L'artisan. — Vous autres paysans, vous êtes des égoïstes, rien ne vous offense, vous ne songez qu'à vous, et les villes peuvent périr; vous y consentiriez si vous pouviez vous passer d'elles.

Le paysan. — Sans doute, vous êtes des étrangers pour nous.

L'artisan. — Et vous, vous êtes de mauvais citoyens, qui reniez votre propre sang.

Voilà comment se disputent les deux frères et comme chacun attribue à l'autre le malheur qu'il endure. Eh bien, il n'y a pas de vérité, il n'y a pas de justice, il n'y a pas de fraternité dans ce différend, et c'est ce que je vous démontrerai, mes chers concitoyens, la prochaine fois que je vous adresserai ma parole.

IMPRIMERIE DE G. GRATIOT, 11, RUE DE LA MONNAIE.

www.ingramcontent.com/pod-product-compliance
Lightning Source LLC
Chambersburg PA
CBHW060731280326
41933CB00013B/2598